Ein Leben für die Liebe

Irmgard Pobaschnig

AF205957

Impressum

Medieninhaber und Herausgeber:
Kärntner Schreibschule Förderverein
Dr. Herrmann-Gasse 4/4, 9020 Klagenfurt am Wörthersee,
Österreich. ZVR-Nr.: 394 991 923
schreibschule.at

Text:
Irmgard Pobaschnig, Dechant Lawrence Pinto

Fotografien:
MMag. Gerlinde Pobaschnig, Ing. Egon Kaiser MSc,
Pfarre Kappel am Krappfeld

Redaktion, Illustration:
MMag. Roland Zingerle, rolandzingerle.at

Umschlaggestaltung:
Irmgard Pobaschnig, MMag. Roland Zingerle

Herstellung und Verlag:
BoD – Books on Demand, Norderstedt

ISBN: 9783750403918

Irmgard Pobaschnig

Ein Leben für die Liebe

Lebensgeschichten und Lebensweisheiten

Jeden, der meine Zeilen liest,
bezeichne ich als meiner Freund,
deshalb darf ich dich duzen.
Danke

Ich wünsche dir ein schönes Leben.
Mit herzlichem Gruß,
Irmgard Pobaschnig

Inhaltsverzeichnis

Ein Leben für die Liebe

Einleitung

Es ist unglaublich, wohin einen das Leben immer wieder stellt. Hätte mir noch vor zwei Jahren jemand gesagt, dass ich nach Indien reisen würde, wäre ich wahrscheinlich irritiert gewesen. Auf keinen Fall aber hätte ich mir träumen lassen, welche Folgen eine solche Reise haben würde, für mich und meinen Blick auf die Welt, unser Land und unsere Menschen.

Geboren wurde die Idee mit der Reise im Frühjahr 2018 nach einer heiligen Messe für unsere indischen Patenkinder. Dechant Lawrence Pinto, der ja selbst indischer Herkunft ist, und Egon Kaiser aus Guttaring waren dazu bereit, die Organisation der Reise zu übernehmen.

Dechant Pinto war außerdem so nett, mir einige Erinnerungen aus seinem Leben zu erzählen. Diese Erzählungen waren für mich so eindrücklich, dass ich sie unbedingt weitergeben will, am besten in seinen eigenen Worten.

Irmgard Pobaschnig
Zeindorf, im Herbst 2019

Aus dem Leben des
Dechanten Lawrence Pinto

*„Mein Weg, bis ich Kärnten
meine Wahlheimat nannte.“*

Meine Kindheit

Ich wurde 1967 in Anegudde nahe der indischen Hafenstadt Mangalore geboren. Meine Kindheit war, aus heutiger Sicht, eine recht abenteuerliche. In Indien gibt es keine Schulpflicht, deshalb gingen die meisten meiner Geschwister nicht zur Schule. Der Schulweg war zu weit und gefährlich, das größte Problem aber war das Schulgeld, das sich meine Eltern nicht leisten konnten.

Deshalb beschloss ich schon mit sechs Jahren, selbst Geld zu verdienen, um mir die Schule und die Schulbücher leisten zu können. Ich war also dauernd unterwegs, um Arbeit zu suchen, egal welche. Das war für so ein kleines Kind sehr gefährlich. In Indien leben wilde Tiere in freier Natur, wie Tiger, Elefanten, Kobras und sogar Panther. Die gefährlichste Kreatur aber war der Mensch. Schutzlos umherwandernde Kinder wurden immer wieder überfallen und allen Essbaren beraubt. Dabei war das noch das wenigste, viel schlimmer war es, von Entführern gefangen und verkauft oder als Organspender missbraucht zu werden.

Eines Tages war ich auf dem Heimweg von einer Feldarbeit. Als Bezahlung hatte man mir Milch in einer Kanne gegeben, die hatten meine kleinen Geschwister bitter nötig, da unsere Kuh zu der Zeit keine Milch gab. Um den Weg abzukürzen, überquerte ich einen Bach nicht über die entfernt gelegene Brücke, sondern über einen Baumstamm, der über dem Bach lag. Der Stamm war glitschig und ich fürchtete andauernd, abzurutschen und ins Wasser zu fallen. Als ich die Hälfte geschafft hatte, sah ich, wie sich eine Weidenstaude bewegte, die am Ufer vor mir stand.

Im nächsten Moment brach mit lautem Getöse ein großer Tiger daraus hervor. Er fixierte mich mit weit aufgerissenen gelben Augen und kam auf meinen Baumstamm zu.

Mir gefror das Blut in den Adern, mein Atem stand still!

Der Tiger kam auf den Baumstamm und balancierte auf mich zu. Immer wieder rutschten seine

Pranken vom Stamm ab, doch das hielt ihn nicht auf. Er kam näher und näher, ich hörte sein Grollen, sah in seine gnadenlosen Augen.

Gelähmt vor Angst war ich unfähig, irgendetwas zu tun. „Oh, lieber Gott", schoss es mir durch den Kopf.

Und dann, als er mich fast erreicht hatte, rutschte er ab und fiel ins Wasser. Vor Schreck ließ ich die Milchkanne fallen. Doch der Tiger war gleich wieder auf den Beinen und schüttelte sich. Er war so nahe, dass ich von den Wassertropfen vollgespritzt wurde. Und dann geschah ein Wunder: Anstatt sich auf mich zu stürzen, trottete er ans Ufer zurück und verschwand in den Büschen.

Ich stand da, zitterte und mein einziger Gedanke war: „Heute hat er schon gefressen, danke, lieber Gott."

An diesem Tag brachte ich keine Milch nachhause, doch meine Mutter war froh, mich nicht verloren zu haben. Da meine kleinen Geschwister aber Hunger hatten, überredete ich meinen Bruder, noch an diesem Abend mit mir zu einem Gutshof zu gehen, um dort etwas Essbares aufzutreiben. Auf diesem Hof war gerade eine große Party im Gange, es standen Keksteller auf einem Tisch und vor diesem eine Schlange wartender Gäste. Vom Hunger getrieben liefen wir an ihnen vorbei und holten uns einige Kekse. Mein Bruder bekam von hinten eine so kräftige Ohrfeige, dass er einen lange anhaltenden Schmerz davontrug. Mir schlug jemand auf die Hand, so dass die Kekse, die ich hielt, zerbrachen und zu Boden fielen. Hals über

Kopf flohen wir von dem Gutshof, bevor man uns noch schlimmer verprügeln konnte.

Abends, als ich hungrig im Bett lag, betete ich zum Herrn: „Lieber Gott, lass mich nie so arm sein, dass ich betteln muss, mach mich aber auch nicht so reich, wie es manche Menschen sind, dann werde ich dich nicht vergessen."

Meine Berufung

Ich war sieben Jahre alt, als mein Großonkel, zu dem ich eine starke Bindung hatte, schwer erkrankte. Es war in einer Vollmondnacht, ich schlief äußerst unruhig, da war mir, als berührte mich mein Großonkel und sagte: „Komm! Es ist an der Zeit, ich muss gehen. Aber davor muss ich dir noch etwas sagen."

Im Schlaf stand ich auf und ging, nur mit einer kurzen Hose bekleidet, schlafwandelnd viele Kilometer weit zu seinem Haus. Mein Weg führte mich durch die indische Wildnis, wo Wölfe, Schakale, Panther und Schlangen lebten. Nicht nur das, ich, ein Nichtschwimmer, durchwatete auch einen Fluss, über den es keine Brücke gab.

An all das kann ich mich nicht erinnern – ich habe ja geschlafen. Ich weiß nur aus der Erzählung meiner Tante, dass ich in den Morgenstunden völlig durchnässt mit schmerzendem Kopf vor ihrer Türe gestanden bin.

Meine Tante weinte, sie führte mich in die Stube und sagte: „Dein Onkel ist gerade eben verstorben."

Ich drückte mich ganz nahe an sein Gesicht, da hörte ich die Worte: „Du sollst Priester werden!"

Ich wusste nicht, ob er noch diese Worte sagte, oder ob sie schon aus dem Himmel kamen.

Das habe ich nie vergessen.

Die Jugend

Die Jahre vergingen. Mein Körper war groß gewachsen, doch ich war sehr dünn. Kein Wunder, denn ich arbeitete fleißig und fühlte mich oft sehr ausgelaugt und schwach. Der Lohn war karg und manchmal hielten meine Arbeitgeber ihre Versprechen nicht ein und gaben mir nichts. Wann immer ich Geld hatte, gab ich es für die Schule aus.

Auch meine Eltern blieben bitter arm und es gab Tage, da hatten wir überhaupt nichts zu essen. Hunger tut so weh und mit leerem Magen kann man kaum schlafen.

Eines Morgens suchte mein Vater vergeblich nach seinem Schalgürtel. Ich hatte ihn genommen, Wasser getrunken und meinen Bauch ganz eng zusammengeschnürt. Auf die Art spürte ich den Hunger nicht so und konnte etwas schlafen.

Noch vor der Schule ging ich auf Arbeitssuche, um mir wenigstens ein Stück Brot zu verdienen, doch Lebensmittel waren überall sehr knapp und ich musste mich mit ein paar Früchten begnügen, die ich an wildwachsenden Pflanzen fand. An Tagen wie diesen überlebte ich nur, weil ich an Gott glaubte und an das Leben.

Immer wieder hörte ich von Mutter Teresa in Kalkutta, die sich der Ärmsten der Armen annahm und die Kinder auf der Straße nicht hungern ließ. Allein der Gedanke an sie ließ mich durchhalten und wieder einen Tag überleben.

Es war im Jahr 1983, als ich die Grundschule abschloss. Nur wenige Tage später verabschiedete ich mich von meinen Eltern und Geschwistern und machte mich auf den Weg – in meinem Kopf Kalkutta und in meinem Herzen Mutter Teresa. Meine Eltern waren zwar traurig, aber auch stolz. „Du machst deinen Weg", sagten sie.

Die ersten drei Tage und Nächte war ich fast ohne Schlaf und Nahrung unterwegs. Ich aß, was am Wegesrand wuchs, und obwohl ich nicht bettelte – das verbot nach wie vor mein Stolz –, bekam ich von so mancher guten Seele, die mir begegnete, eine Kleinigkeit geschenkt.

Da ich auch kein Geld hatte, konnte ich mir kein Zugticket leisten, dennoch schwindelte ich mich immer wieder einmal in einen Zug. Am besten ging das in der Nacht, denn da waren die Schaffner mit ihren Kontrollen nicht so genau, außerdem konnte ich dabei auch ein bisschen schlafen. Darüber hinaus fuhren auch reiche, angesehene Menschen in den Zügen, die zwischendurch eine mitgebrachte Mahlzeit zu sich nahmen. Da kam es immer wieder einmal vor, dass sie mir ein Stück Brot anboten, wahrscheinlich sah ich genauso verhungert aus, wie ich mich fühlte.

Die weiteren Nächte schlief ich in stillgelegten Hütten, auf die ich in der Abenddämmerung stieß. Da gab es zwar keine Schaffner, dafür aber jede Menge Ungeziefer.

Auf diese Weise verging die Zeit und bald konnte ich nicht mehr sagen, welcher Wochentag oder wie lange ich schon unterwegs war.

Zwischendurch wusch ich an einem Fluss meine Wäsche und während sie trocknete, schlief ich ein Stündchen unter einem Strauch.

Eines Tages kam ich an einem Reisfeld vorbei, auf dem eine ganze Familie arbeitete, sogar die alte Mutter, die kaum noch stehen konnte. Ich half ihr, die Reisgarben zu binden, in der Hoffnung, dafür ein Stück Brot zu bekommen. Als die Familie eine Essenspause machte, bekam ich tatsächlich ein paar Löffel Reis in die Hand. Mit einem herzlichen Dankeschön setzte ich meine Reise fort.

Je mehr Zeit verging, umso unwirklicher wurde für mich die Vorstellung, Kalkutta überhaupt jemals zu erreichen. Bis zu dem Tag, an dem mir ein Ortsschild mitteilte, dass ich Kharagpur erreicht hatte. Da schoss es mir in den Kopf: Kalkutta ist nicht mehr unerreichbar!

Nun wusste ich, ich brauchte keine Eile zu haben. Wenn sich die Gelegenheit ergab, arbeitete ich tageweise in Kleinbetrieben und verdiente mir so ein paar Rupien. Damit konnte ich mir bei den Straßenhändlern, die in den Dörfern einfache Gerichte anboten, manchmal etwas Warmes zu essen leisten.

Dann war es endlich soweit, ich erreichte Kalkutta. Als ich an einer Kirche vorbeikam, in der gerade eine Messe gelesen wurde, ging ich hinein. Es tat gut, ein Gebet im Kreise anderer Gläubiger zu sprechen, und auch die Ruhe tat mir gut. Danach bat ich den Priester, er möge mir sagen, wie ich zu Mutter Teresa käme. Er sah mich erbarmungsvoll, ja, fast ein wenig mitleidig an, dann erklärte er mir den Weg und meinte, es lägen noch viele Stunden Fußweg vor mir.

Abends, als es schon dunkel wurde, kam ich tatsächlich endlich beim „Mutterhaus" an. Als ich an die Eingangstür pochte, öffnete mir eine junge Schwester. Sie fragte nicht viel, sah mich nur an und lief dann weg. „Mutter", rief sie, „Mutter, da ist einer, der wird gleich verhungern!"

Dann erschien eine zierliche Frau in der Tür, die ich sofort erkannte. Ich kniete vor ihr nieder und brachte kein Wort heraus.

„Komm", sagte sie und nahm mich an der Hand, „du bekommst gleich eine Suppe."

Meine Zeit bei Mutter Teresa

Fortan lebte ich bei Mutter Teresa. Schon nach wenigen Tagen setzte mich Mutter Teresa zu einem todkranken Mann und trug mir auf, ich solle ihn waschen und rasieren, ihm zu essen und zu trinken geben, seine Hände halten und mit ihm beten. Ich nahm meine Aufgabe sehr erst. Als der Mann leise „Amen" sagte und seinen Kopf zur Seite legte, war meine Aufregung groß. Ich lief zur Mutter und rief: „Ich glaube, der Herr hat den Mann zu sich geholt!"

Die Mutter sagte mit ruhiger Stimme: „Das hast du gut gemacht. Er war in seiner Sterbestunde nicht allein, du hast ihn auf seinen Heimgang vorbereitet."

Dann führte sie mich zu einem anderen Mann, der schwer um Atem rang. Als ich ihm Wasser brachte und mit ihm betete, spürte ich, wie er ruhig wurde.

Mutter Teresa gab mir immer neue Aufgaben und beobachtete mich. Mit den Monaten, die vergingen, erkannte sie die Tiefe meines Glaubens. Da nahm sie sich persönlich meiner an und schulte mich, damit ich junge Gläubige auf die Erstkommunion und auf die Firmung vorbereiten konnte.

Bald darauf durfte ich zum ersten Mal hinaus in die Dörfer, um diese Aufgabe zu übernehmen. Der Weg war weit, und da ich natürlich zu Fuß unterwegs war, konnte ich den Rückweg nicht mehr am selben Tag bewältigen. So bekam ich eine Hütte zugewiesen, in der ich die Nacht verbringen konnte. Ihr Boden war etwa vierzig Zentimeter hoch mit Grasstroh bedeckt und ich bemerkte gleich die vielen Mäusegänge darin. Na ja, dachte ich mir, mit dem Schlafen wird das heute wohl nichts. Doch die Müdigkeit war groß und ich schlief tatsächlich ein – bis mich ein Geräusch aus meinen Träumen holte. Der Morgen graute schon, es war ein wenig Licht in meiner Hütte. Ich setzte mich auf und – sah direkt in die Augen im hoch erhobenen Kopf einer Kobra. In so einer Situation kann man nicht mehr viel machen. Ich schloss die Augen in Erwartung der Dinge, die nun geschehen würden, und mir kamen nur zwei Wörter in den Sinn: „Lieber Gott!"

Sie zischte in meine Richtung, da öffnete ich vor Schreck die Augen wieder und sah, dass die Kobra eine Maus im Maul hatte. Noch in Angststarre beobachtete ich, wie die Schlange die Maus durch ihren Körper würgte und sich davonschlängelte.

Da hielt mich nichts mehr an diesem Ort. Nachdem ich nun ohnehin gründlich wach war, ging ich noch im Morgengrauen meiner Wege.

Im Lauf der Zeit erweiterte Mutter Teresa meinen Aufgabenbereich. So unterrichtete ich bald auch Armenkinder und Frauen. Ich nahm Zuckerln mit in die Dörfer, da kamen die Kinder sofort alle angerannt.

Auf meinen Fußmärschen wurde ich einige Male überfallen, geschlagen und ausgeraubt – nicht selten von Vätern, deren Kinder ich tags darauf unterrichtete. Als diese Väter sahen, was ich für ihre Kinder tat, wurden sie meine Freunde.

Später, als Missionar, war ich in den Dörfern mit einem Moped unterwegs. Damit konnte ich nach Erledigung meiner Aufgaben, die mir große Freude bereiteten, noch am selben Tag ins Mutterhaus zurückkehren.

Eines Tages kam mir auf der Heimfahrt eine Herde Elefanten mit Jungtieren entgegen. Aus Erfahrung wusste ich, dass wildlebende Elefanten nicht grundsätzlich aggressiv waren – dass sie aber unberechenbar sein konnten, wenn sie jungen Nachwuchs dabeihatten. Ich blieb stehen und wartete ab, wie sie sich verhalten würden. Als sie gleich darauf in schnellem Trab auf mich zustürmten, war mir klar, dass mir nur eine rasche Flucht blieb, um mein Leben zu retten. Ich ließ das Moped stehen und rannte Hals über Kopf über die Straßenböschung davon. Gleich darauf kam mein Moped hinter mir hergeflogen, die Elefantenmutter hatte es gepackt und mir mit voller Wucht nachgeworfen. Ich hatte Glück, denn es verfehlte mich; nur mein Fuß bekam einen Schlag ab, aber er war nicht gebrochen. Allerdings zersprang das Moped beim Aufprall in seine Einzelteile.

Von da an war ich wieder zu Fuß unterwegs.

Vor allem im Sommer, wenn es im Dschungel sehr wenig Wasser gibt, können wilde Elefanten sehr gefährlich werden. Auf der Suche nach Wasser kommen ganze Elefantenherden in die Dörfer und trinken die Zisternen leer.

Die Hitze und die Dürre machen sie aggressiv, sie reißen Bäume aus und zerstören die Hütten. Auf diese Weise werden ganze Dörfer zerstört und

die Menschen flüchten, sofern sie noch davon-
kommen.

Ich hatte einmal in einer Hütte einen Elefanten-
angriff überlebt und mich totgestellt, zum Glück
entdeckten mich die Tiere in den Trümmern nicht.
Als ich mich später aus dem Schutt herauskämpf-
te, war im ganzen Dorf kein Mensch mehr anzu-
treffen.

Studienjahre

Mutter Teresa empfahl mir, ich solle das dreijährige Priesterstudium in Lucknow besuchen, und selbstverständlich folgte ich ihrem Rat. Danach studierte ich noch weitere vier Jahre in Kalkutta.

Nach diesen Studienjahren empfahl die Mutter dem Erzbischof von Kalkutta, mich zum Theologiestudium nach Rom zu schicken, und auch er folgte ihrer Empfehlung. Die Lehrveranstaltungen hatten bereits begonnen und ich sollte längst anwesend sein. Doch der Reisepass, den ich lange davor angefordert hatte, war auch nach mehrmaliger Nachfrage nicht gekommen.

Ich sehe es noch heute vor mir, als wäre es gestern gewesen, wie Mutter Teresa in ihrem bescheidenen Zimmer saß und auf ihrer alten Schreibmaschine einen Brief für mich verfasste. Wie sie es angestellt hat, weiß ich nicht, aber eine Woche später durfte ich meinen Pass abholen und den Flug nach Rom antreten.

Das Priesterseminarhaus lag ganz nahe dem Petersdom, gleich neben dem bekannten Flüchtlingsheim Dono di Maria, zu Deutsch: „Geschenk Mariä", welches von Papst Johannes II gegründet worden war.

Meine Mitbewohner, die sich schon etwas eingelebt hatten, nahmen mich herzlich in ihrer Mitte auf.

Doch der Alltag war hart. Es gab ungeheuer viel zu lernen und die Professoren und Erzieher waren sehr streng mit uns. Sobald etwas Zeit war, wurde ich in die Küche befohlen, um Gemüse für die Abendsuppe zu schneiden. Ich glaubte, dadurch etwas Auszeit zu bekommen, doch die Schwester Oberin wollte während der Arbeit laute Gebete von mir hören.

Ich begehrte auf und sagte: „Wenn ich mir vor Ablenkung einen Finger wegschneide, kann ich nicht weiterarbeiten."

Aber es half nichts. Manchmal schnitt ich mich tatsächlich, doch dann bekam ich ein Pflaster und musste weitermachen.

Eines Tages brachte die Oberschwester die Nachricht, Mutter Teresa käme nach Rom, um ihre Schwesternhäuser zu besuchen. Da freute ich mich so sehr, dass ich in der darauffolgenden Nacht nicht schlafen konnte.

Als es so weit war – ich hatte mir den Termin am Kalender rot angestrichen –, konnte ich Mutter Teresa nur einmal beim Mittagessen treffen, die übrige Zeit war sie in den Schwesternhäusern beschäftigt. Doch selbst dieses kurze Miteinander gab mir wieder so viel Kraft, dass ich die nächste Zeit gut überstand.

Es gab auch immer wieder Besonderheiten. Bischof Alois Wagner aus Linz war verantwortlich für päpstliche Missionsarbeiten, zum Beispiel für Deutschkurse für nicht deutschsprechende Studenten.

Ich war einer der zwanzig auserwählten Personen, die an einem dieser Kurse teilnehmen durften. Der Kurs fand im Bildungshaus der Missionare von Mariannhill in Gallneukirchen in Oberösterreich statt. Sein Höhepunkt war, dass ich mein einmonatiges Praktikum in der Kärntner Gemeinde Berg im Drautal absolvieren durfte. Da im Pfarrhof kein Platz war, wurde ich am Bauernhof Sinele der Familie Ebenberger untergebracht. Das waren meine ersten Eindrücke von Kärnten und dem hiesigen Bauernleben, das mich faszinierte.

Durch diese schöne Zeit gestärkt, kam ich gut durch die letzte Studienzeit. Ein Jahr später, 1995, kehrte ich wieder nach Kalkutta zurück.

Meine Priesterweihe

Da mein Vater aus gesundheitlichen Gründen nicht nach Kalkutta reisen konnte, fand meine Priesterweihe am 16. Mai 1996 bei mir zuhause in Mangalore statt. Es freute mich besonders, dass auch vier Frauen aus Berg im Drautal an meiner Weihe teilnahmen, dafür bin ich bis heute dankbar.

Der Tag war besonders heiß, wir hatten 48 Grad Celsius. Alles lief sehr würdig ab und die Zeremonie dauerte sehr lange. Da ich hier aufgewachsen war, spürte ich die Hitze nicht so stark, doch meinen Gästen standen die Schweißperlen auf der Stirn und sie waren froh, als es vorbei war und wir das Festessen in einem etwas kühleren Raum einnehmen konnten.

Die Frauen waren bei mir zuhause in der Hütte, unter einfachsten Umständen untergebracht: Wasser gab es nur im Hof, Strom überhaupt nicht und damit auch keinen Ventilator. Schlafen mussten sie auf Lagerbetten – die nicht so stabil waren, wie sie hätten sein sollen. Die Frauen überstanden die Nacht, aber die Betten nicht. Am Morgen erschienen sie dennoch fröhlich beim Frühstück. Wir lachten sehr viel, denn sie meinten, noch einige Grade mehr und es hätte eine Hexenverbrennung stattgefunden. Ich denke heute noch manchmal an diese schönen Tage.

Im Februar 1997, in meinem ersten Jahr im Priesteramt in Kalkutta, besuchten mich zwei Priester und ein Bekannter aus Berg im Drautal.

Mutter Teresa war zu dieser Zeit sehr krank, die Schwestern ließen keinen Besuch bei ihr zu, doch ich dachte mir etwas aus.

Am nächsten Tag um fünf Uhr morgens, als alle in der Kapelle die Morgenandacht feierten, war das Zimmer der Mutter unbewacht. So schlüpfte ich mit meinen drei Besuchern hinein, um ihren Segen zu erbitten.

Mutter Teresa war glücklich und meinte: „Auch ihr müsst mich segnen." Die Priester fühlten sich geehrt und kamen natürlich ihrem Wunsch nach, aber Mutter fragte: „Da ist ja noch ein vierter Mann im Raum, warum segnet er mich nicht?"

Wir erklärten, dass er kein Priester sei.

Daraufhin befreite sie sich etwas von ihrer Decke und sagte: „Komm zu mir." Sie umarmte den Mann und richtete sich dabei ein bisschen auf.

Ich war ein wenig neidisch, denn eine Umarmung von ihr hätte ich mir auch gewünscht.

Da hörte ich, wie die schwere Türe der Kapelle aufging, und wir mussten sehen, dass wir hinauskamen, ansonsten wären wir des Hauses verwiesen worden.

Mit Glück im Herzen besuchten wir die nächste Messe.

Abschied von Mutter Teresa

Am 5. September 1997 starb Mutter Teresa und wurde bis zum 13. September in der St. Thomas Kirche aufgebahrt. Nach indischer Tradition berührt man die Füße der Verstorbenen und als ich dies bei Mutter Teresa tat, sah ich mit Entsetzen, dass ihre Zehen ganz verstümmelt waren. Da konnte ich erst spüren, was diese kleine große Frau in ihrem Leben gelitten haben musste – doch sie hatte nie darüber gesprochen.

Viele Priester organisierten die öffentliche Verabschiedung und das Staatsbegräbnis, auch ich durfte mit dabei sein. Unter anderem koordinierte ich den Strom der Besucher, die kamen, um Mutter Teresa die letzte Ehre zu erweisen. Jeden Tag von 7 bis 18 Uhr stand eine schier unüberschaubare Menschenkette an, Arme und Reiche, es kam mir vor, als wären es Millionen.

Am letzten Tag schlossen wir um 18 Uhr die Tore und ließen Ruhe in uns einkehren. Dann zelebrierten wir einen persönlichen Gottesdienst. Ich verabschiedete mich von ihr mit den Worten: „Der Herr sei mit dir", und spürte ihre Antwort in der Stille meines Herzens: „Und mit deinem Geiste."

Am 13. September wurde Mutter Teresa mit einem Staatsbegräbnis im Mutterhaus beigesetzt.

Ich spürte immer ihren Auftrag, Sterbende zu betreuen, besonders aber Babys das Leben zu schenken, die von ihren Eltern in Mülltonnen oder an Straßenrändern abgelegt wurden. Überhaupt ging es Mutter Teresa – und damit auch mir – darum, die Lebenssituation der Armen zu verbessern. Hier ein Ausschnitt dessen, was ich in ihrem Sinne und zum Teil mit finanzieller Hilfe aus Kärnten schaffen durfte:

Im Jahr 1996 errichtete ich im Dorf Gunkhali Toiletten für Familien, zwei Jahre später eine Schneiderschule sowie ein Internatshaus in Kharapur. 2002 erbaute ich im Dorf Daxbanga eine Kirche, 2005 eine Schule samt Internatshaus in Kotwa und 2014 ein weiteres Internatshaus.

Im Zusammenhang mit Mutter Teresa gibt es noch eine weitere Anekdote. Ich weiß nicht, ob das allgemein bekannt ist, aber Prinzessin Diana bereiste damals in kurzen Abständen Indien, wobei sie jedes Mal auch Mutter Teresa besuchte. Sie hatte wohl viel mit ihr zu besprechen – vielleicht holte sie aber auch mütterlichen Zuspruch bei ihr. Ich glaube, ich kann sagen, dass die beiden Freundinnen waren.

Das Wundersame an dieser Geschichte ist, dass die beiden Frauen im Abstand von nur fünf Tagen starben. Das war auch der Grund, warum Mutter Teresas Begräbnis um eine Woche verschoben werden musste.

„Heimweh" nach Kärnten

Immer wenn ich mit meinen Freunden in Kärnten telefonierte, befiel mich danach eine Art Heimweh nach Kärnten. Sie unterstützten mich finanziell, so dass ich im Vierjahrestakt nach Kärnten fliegen konnte. Zu meiner Freude kam ich im September 2007 für zwei Jahre als Kaplan nach St. Leonhard bei Villach. Die Gläubigen nahmen mich herzlich auf, aber die Zeit verging wie im Flug und ich sollte schon wieder nach Kalkutta zurück.

Doch da wurden die Pfarrgemeindemitglieder aktiv. Sie sammelten Unterschriften für meinen Verbleib in Kärnten und übergaben sie Bischof Alois Schwarz. Seine Antwort: „Du bist ein Segen für die Kärntner Kirche. Ich bespreche das mit deinem Bischof in Indien und hoffe auf seine Zusage."

Daraufhin besuchte mich der indische Bischof in St. Leonhard. Er lobte meine Arbeit und bedankte sich in einer Messe bei den vielen Familien, welche Patenschaften für indische Kinder übernommen hatten. Beim Abschied gab er mir die Zusage, dass ich in Kärnten bleiben könne.

Noch im selben Jahr, im September 2009, übernahm ich die Pfarre Eberstein im Görtschitztal. Mein erster öffentlicher Auftritt dort war denkwürdig: Bei einem Sängerfest bat mich der Obmann der dortigen Sängerrunde, die Gäste zu begrüßen.

Ich war überrascht und mein Deutsch war noch schwach. Ich sagte: „Liebe Leute des Görtschitztals, erstmals bin ich Pfarrer in Kärnten, mein Deutsch sehr schlecht – ich sehr aufgeregt. Doch habe ich in Indien Kobras, Tiger und Elefanten überlebt, so werde ich auch bei euch netten Menschen überleben. Seid alle recht herzlich begrüßt."

Die Leute lachten und klatschten, wir wurden schnell gute Freunde.

Seit 2016 leite ich den Pfarrverband Krappfeld als Dechant, was für mich bis heute eine große Aufgabe und Herausforderung darstellt.

Die Heiligsprechung der Mutter Teresa

Gleich zu Beginn in diesem Amt erlebte ich in kurzer Zeit einige wunderbare Begebenheiten. So bekam ich für den 4. September 2016 eine Einladung vom Heiligen Stuhl in Rom, mit dem Auftrag, als Kommunionspender an der Heiligsprechung von Mutter Teresa teilzunehmen. Aus ganz Kärnten meldeten sich vierzig Personen, die mich nach Rom begleiten würden. Der Termin kam immer näher und meine Aufregung wuchs. Ich erinnerte mich an eine mit dem handgestickten Bild von Mutter Teresa verzierte Seidenstola, die ich Jahre davor geschenkt bekommen hatte. Leider hatte ich sie einmal irgendwo liegengelassen und sie war auch nach mehrmaliger Nachfrage nicht mehr auffindbar gewesen. Kurz vor meiner Abreise nach Rom dachte ich mir, diese Stola hätte ich bei dem Anlass gerne dabei. Am nächsten Morgen hing ein Päckchen an meiner Haustür, ich öffnete es – und was kam zum Vorschein? Meine Seidenstola! War es ein Engel, der sie mir gebracht hatte? Auch Menschen können Engel sein.

Dann war es so weit. Als einer von vielen, vielen Priestern stand ich auf dem Petersplatz im Vatikan und spendete den Gläubigen die Kommunion. Vor jedem von uns wartete eine kilometerlange Menschenschlange. Im Gebet dachte ich, wie gerne ich es wäre, der meinen vierzig Begleitern aus Kärnten die Kommunion reichen könnte. Mein Gedanke war kaum zu Ende, da stand Diakon Muhrer mit den Kärntner Pilgern vor mir und sie empfingen die Kommunion aus meiner Hand. Mein Glücksgefühl sagte mir, Mutter Teresa hatte es so gewollt.

Auch eine Missionssponsorin, die ich schon seit Jahren nicht mehr gesehen hatte, bemerkte ich in einer der Warteschlangen, konnte sie aber leider nicht begrüßen. Am nächsten Tag ergab es der Zufall, dass sich unsere Wege an einem anderen Ort kreuzten. Wir freuten uns und diesmal hatten wir Zeit für ein gutes Gespräch.

In bestimmten Zeitabständen besuche ich meine Familie in Indien. Dabei nehme ich manchmal auch eine Gruppe Pateneltern mit. Sie sollen sich von der Freude in den glänzenden Kinderaugen davon überzeugen lassen, wie wertvoll ihre Spende von nur einhundert Euro – das Schulgeld für ein Kind pro Jahr – sein kann.

Ich fühle mich glücklich, Kärnten meine Wahlheimat nennen zu dürfen und der Kärntner Kirche und besonders dem Dekanat Krappfeld zu dienen.

Gott hat meine Reise von den Slums und dem Elend zum Amt des Dechanten geleitet.

Mutter Teresa begleitet mich.

Ich darf euch noch ein paar Sätze mit auf den Weg geben:

Lebt das Leben!

Ehrt einander!

Zerbrochene Herzen kann nur der Herr heilen.

Man kann Gott nie genug für das Geschenk des Lebens auf dieser Erde danken.

Achtet darauf, daß diese Erde auch für die nächste Generation lebenswert bleibt.

Mit einem herzlichen „Grüß Gott",
euer Dechant Lawrence Pinto.

Die Reise nach Indien

„Wenn jemand eine Reise tut,
so kann er was erzählen."

Freitag, 2. November 2018

Am Allerseelentag fuhr ein Großraumbus mit dreiundzwanzig von uns Reiselustigen ab nach Wien, wo gegen Mitternacht unser Flugzeug nach Indien abhob.

Samstag, 3. November 2018

Sieben Stunden später landeten wir müde, aber platzend vor Neugier in Delhi, der Hauptstadt von Indien, eine Großstadt mit knapp siebzehn Millionen Einwohnern. Die Eindrücke, die bei der Besichtigungsfahrt im Bus über uns hereinbrachen, überforderten uns.

Noch nie zuvor hatte ich ein solches Getümmel, so viele Menschen, Autos, Mopeds und Motorrikschas gesehen, so viel Schmutz und Abfall – und dazwischen, mit seelenruhiger Gelassenheit, Kühe und Ochsen und auf den Grünflächen schlafende Menschen, die kein Zuhause hatten.

Sonntag, 4. November 2018

Nach einer Nacht in Delhi flogen wir weiter nach Kalkutta, jene Stadt, die durch das Wirken von Mutter Teresa bekannt geworden ist. Hier hat Dechant Pinto in den vergangenen Jahrzehnten zahlreiche Missionsprojekte verwirklicht und hier erwartete uns am Nachmittag auch der Höhepunkt unserer Missionsreise: der Besuch des „Mutterhauses der Missionare der Nächstenliebe", das von Mutter Teresa gegründet worden war.

Dechant Pinto war als Sechzehnjähriger hierhergekommen und hatte mit Mutter Teresa und den Ärmsten der Armen gearbeitet. Im „Mutterhaus" werden Straßenkinder, Leprakranke und Sterbende betreut. Dechant Pinto erzählte, wie er Mutter Teresa an ihrem Totenbett besucht und wie er sie auf ihrem letzten Weg begleitet habe.

In dem angeschlossenen Museum konnten wir uns ein Bild vom Leben und Wirken der Heiligen machen. Besonders beeindruckt war ich von der Bescheidenheit der Kammer, in der sie gewohnt hatte. Mutter Teresas sterbliche Überreste liegen in einer Gruft, die sich in einer kleinen Kapelle befindet. In dieser zelebrierte Dechant Pinto eine sehr persönliche heilige Messe für uns, die wir mit einem gesungenen Vaterunser abschlossen. Diese Messe wird mir mein Leben lang in Erinnerung bleiben.

Danach lernten wir die Nachfolgerin von Mutter Teresa kennen, Schwester Prema. Sie segnete jeden aus unserer Gruppe und schenkte jedem eine Nachbildung einer heiligen Reliquie und ein Medaillon.

Nach diesem denkwürdigen Besuch fuhren wir mit dem Bus nach Burdwan in unser Hotel.

Montag, 5. November 2018

Nach einem guten Frühstück ging es im Bus nach Katwa, wo wir die St. Josephs School besuchten. Hier unterrichten vierzig Lehrer zweitausend (!) Schüler. Es war Dechant Pinto, der diese Schule ins Leben gerufen hatte, mit finanzieller Hilfe aus Österreich, vor allem von den Kärntner Gemeinden Berg im Drautal und Irschen.

Unser Empfang war einfach wunderbar. Schön gekleidete Kinder empfingen uns mit Kränzen, Musik und Tanz. Es war ein Zelt aufgebaut, in dem dreihundert Kinder Platz im Schatten fanden. Das Programm für unsere Begrüßung dauerte fast zwei Stunden, in denen die Kinder Gedichte vortrugen, ein Theaterstück zum Besten gaben, tanzten und sangen. Im Anschluss gab es gemeinsam mit den dreihundert Mädchen und Buben ein gutes Essen im Internatshaus.

Danach verteilten wir Kleidung, Spielzeug, Zeichenstifte und Schreibblöcke, die wir mitgebracht hatten, an die Kinder. Das ließ ihre Augen strahlen! Dann tanzten wir mit ihnen in den Nachmittag.

Der Abschied fiel uns allen schwer, doch da wir nun gesehen hatten, wie gut es den Kindern ging, waren wir sehr zufrieden.

Unsere nächste Station war das Dorf Dakbangla. Hier hatte Dechant Pinto seinerzeit seine erste Lehmhütte errichtet und in den darauffolgenden Jahren eine Kirche, ein Mehrzweckhaus, eine Schule und ein Internat. Der Dechant wurde hier von allen höchst ehrenvoll empfangen. Wir bekamen eine Fußwaschung, danach wurde getanzt und im Anschluss lernten einige aus unserer Gruppe ihre Patenkinder kennen, welche hier lebten. Dann gab es noch Kaffee und Kuchen.

Ganz Dakbangla war wunderbar sauber und schön, selbst das Dorfzentrum, wo viele Familien in einfachsten Verhältnissen lebten. Die meisten besaßen nicht mehr als eine Kuh, auf die sie sehr stolz waren. Kein Wunder, immerhin ernährte das Tier die ganze Familie.

Hier wurde mir klar, warum die Kuh für die indische Bevölkerung ein Heiligtum darstellt.

Dienstag, 6. November 2018

An diesem Tag besuchten wir das Pastoralzentrum der Diözese Asansol-Cehtana für aidskranke Kinder. Die armen Geschöpfe trugen ein schweres Schicksal, denn sie waren bereits bei ihrer Geburt mit dem HI-Virus infiziert. Da sie schwere Medikamente bekamen, mussten sie gut ernährt werden. Dennoch waren sie sehr lieb und lebenslustig.

Nach einem Zwischenstopp bei einem Seminar- und Ausbildungszentrum für Katecheten fuhren wir zu einem Kinderadoptionsheim, das ebenfalls von Dechant Pinto gegründet worden war.

Man führte uns zu den kleinsten der hier lebenden Kinder und unsere Herzen hüpften vor Entzücken und wollten sich gar nicht mehr beruhigen. Eine solch liebenswerte Schar von lebendigen, schön gekleideten spielenden Kindern war mir noch nie zuvor begegnet.

Wir erfuhren, dass fast alle Heimkinder bereits Adoptiveltern haben, allerdings kommen jede Woche neue Säuglinge von den Straßen hinzu, die von ihren Müttern weggelegt werden. Sie können nur durch dieses Projekt überleben.

Als wir auf einen wunderschön angelegten Teich aufmerksam wurden, in dem Frauen Wäsche wuschen, erzählte uns der Dechant, dass er seinerzeit diesen Teich mit einhundert Mann händisch ausgehoben hatte, um der Anlage einen Wasserspeicher zu geben.

Unsere vierte Station an diesem Tag war ein Bubenheim. Wie uns Dechant Pinto erklärte, wohnen die Buben nur unter der Woche hier, wenn ihre Eltern arbeiten. Das geschehe zu ihrem Schutz, denn Kinder ohne Aufsicht werden in Indien oft entführt und für Organspenden missbraucht.

Die Buben schlafen hier alle auf Matten am Boden eines Schlafsaals, jeder von ihnen hat eine Kiste für seine persönlichen Habseligkeiten.

Unser nächster Stopp war das Sahebdanga-Missionshaus mit einem angeschlossenen Mädcheninternat. Hier nahmen wir unser Mittagessen ein, Huhn mit viel Gemüse, Kartoffeln und Reis. Danach gab es eine Aufführung der Missionskinder und einige gemeinsame Tänze. Die Kinder waren sehr herzlich und gerne hätten wir noch mehr Zeit mit ihnen verbracht.

Doch unsere Besichtigungstour ging weiter und führte uns in ein Bauerndorf. Auch hier lebten viele Familien, deren einziger Besitz aus einer Kuh, einer Ziege oder einigen Hühnern bestand. Während die Ziegen und Hühner frei herumliefen, waren die Rinder in einem gemeinsamen Stall untergebracht, der aber nur ein Provisorium war. Dass die Kühe sehr klein und dünn waren, wunderte mich nicht, als ich sah, wie ein alter Mann die Tagesration für alle brachte: einen einzigen Sack Reisgras.

Auch Wildschweine gab es hier, sie wurden eingefangen und bis zur Schlachtung angehängt. Kuhdung wurde eingesammelt und zum Trocknen an Baumstämme geklebt, er diente als Feuermaterial, denn Holz war hier Mangelware. Auch dieses Dorf war blitzblank gefegt.

Auf den Reisfeldern sahen wir genau eingeteilte Flächen zu jeweils etwa fünfhundert Quadratmetern, auf denen hauptsächlich Frauen arbeiteten. Wegen des warmen Klimas kann hier zwei- bis dreimal im Jahr geerntet werden.

Es war schon dämmrig, als wir die Heimfahrt ins Hotel antraten. Wir kamen durch größere Dörfer und Kleinstädte, die einander alle ähnelten: Die Behausungen bestanden aus einfachen, niedrigen Hütten, die mit Wellblech oder Kunststoffplanen gedeckt waren, das Leben spielte sich auf der Straße ab. Es waren hauptsächlich Männer, die selbstgemachte Produkte auf Tischen vor ihren Hütten feilboten. Zwischen Plastik- und anderem Abfall spazierten Kühe und Hunde umher und suchten nach Fressbarem. Es war ein buntes Durcheinander, denn es schien keine Verkehrsregeln zu geben. Jeder fuhr, wie er wollte, und es wurde wild gehupt.

Wir sahen auch viele Familien, die nicht einmal eine bescheidene Hütte besaßen, sondern am Straßenrand mit all ihrem Hausrat auf einer Decke lebten. Und trotz dieser für uns unvorstellbaren Armut sahen wir bei den Kindern ein Lächeln im Gesicht.

Nach den vielen Eindrücken dieses Tages diskutierten wir am Abend noch lange darüber, wie wenig diese Menschen besaßen und wie glücklich sie doch gewirkt hatten.

Mittwoch, 7. November 2018

Um 4 Uhr in der Früh ging es mit einer chaotischen, um nicht zu sagen höllischen Busfahrt zum Flughafen. Wir flogen nach Delhi und von dort weiter in die große Touristenstadt Udaipur, wo unsere Kulturreise begann.

Die Straßen hier waren sauber, die Geschäfte in ordentlichem Zustand und der Verkehr erträglich. Die Hotels hatten europäischen Charakter und wir waren exzellent versorgt.

Der Zufall wollte es, dass an diesem Tag das Lichterfest „Diwali" gefeiert wurde, der höchste Feiertag im hinduistischen Jahreskreis. In Nordindien wird zu Diwali gleichzeitig auch das spirituelle Neujahrsfest gefeiert. Fast die ganze Nacht über begleitete uns ein Feuerwerk, das wir auf einer Seeterrasse bei angenehmer Temperatur genießen konnten.

Donnerstag, 8. November 2018

Unsere Besichtigung begann beim Jagdish-Tempel, der dem Gott Vishnu geweiht ist. Er war mit Marmor aus der Umgebung gebaut und mit vielen Statuen und Figuren verziert. Hier finden zweimal täglich Anbetungen mit Tanz und Spielen statt.

Danach besichtigten wir den größten Palast Indiens, den Stadtpalast, der einst Sitz des Maharana war, wie der Herrscher hier genannt wurde. Der Palast wurde ab dem 15. bis ins 19. Jahrhundert aus einem einzigen Felsen herausgemeißelt, nachdem ein islamischer Priester empfohlen hatte, diesen Palast zu errichten – und rund um ihn die Stadt. Er ist ein Wunderwerk voller Reichtümer! Obwohl nur der halbe Palast für die Öffentlichkeit zugänglich ist, dauerte unsere Besichtigung volle drei Stunden. Die zweite Hälfte des Palastes ist Privateigentum – und das im scheinbar armen Indien.

Unseren Füßen tat es gut, dass danach eine Schifffahrt auf dem Programm stand, die uns zur Insel der Reichen führte. Auf dem Programm stand ein Spaziergang an diesem wunderbaren Ort und ein guter Kaffee in einem tollen Lokal.

Das Abendessen im Hotel schmeckte sehr gut nach diesem erlebnisreichen Tag.

Freitag, 9. November 2018

Nach dem Frühstück hieß es Koffer packen, denn wir fuhren weiter nach Jodhpur. Mit dem Bus ging es dreihundert Kilometer durch ländliche Gegend, kleine Dörfer und Städte. Auch hier waren die Reisäcker in kleine Flächen eingeteilt, die meist per Hand, aber auch mit Ochsengespannen bearbeitet wurden.

In Jodhpur besichtigten wir einen Tempel, der von der zweitlängsten Mauer der Welt geschützt wird. Ich war dankbar, dass wir sie nicht abgehen mussten, denn sie ist sechsunddreißig Kilometer lang — nur Mauer, so weit das Auge reichte.

In Kriegszeiten hatten die Menschen die Festung bis zu einem Jahr lang nicht verlassen, deshalb waren Gärten und Äcker innerhalb der Mauern bebaut worden. Die Festung wurde nie eingenommen.

Hier erfuhren wir auch, wie das Kastensystem aufgebaut ist. Dieses wurde zwar offiziell abgeschafft, wird von der Bevölkerung aber trotzdem nach wie vor gelebt.

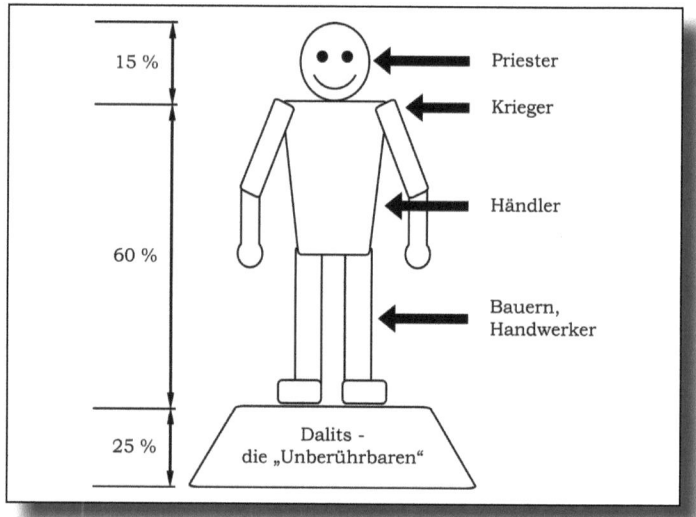

Mit fatalen Auswirkungen: Zum Beispiel bestimmen die Eltern, wann, wo und wen ihre Kinder heiraten. Die Hochzeit muss von den Brauteltern bezahlt werden und das ist teuer, denn es wird das ganze Dorf eingeladen. Kein Wunder also, dass vor allem in den armen Kasten Mädchen gleich nach der Geburt getötet werden, weil die Eltern sich eine Tochter einfach nicht leisten können. In der Ehe haben die Männer das Sagen, die Frauen haben sich im Hintergrund zu halten und zu arbeiten.

Auch hat ein Mitglied einer niederen Kaste kaum die Möglichkeit, in eine höhere aufzusteigen. Diese strikte Trennung bewirkt, dass die Reichen immer reicher und die Armen immer ärmer werden. Die

Ärmsten leben hauptsächlich in den Städten, sie haben kaum Arbeit und bekommen keine Unterstützung durch den Staat. Wer etwas verkaufen kann, braucht zwar keine Steuern zu bezahlen, dafür gibt es aber auch keine Krankenversicherung. So sind die Armen gezwungen, auf offener Straße zu leben, ohne Wasserver- und Abwasserentsorgung, inmitten von Müll und Kühen.

An diesem Abend saßen wir mit einem schlechten Gewissen beim guten Essen in unserem schönen Hotel.

Samstag, 10. November 2018

Die Stadtrundfahrt in Jodhpur zeigte das mittlerweile gewohnte Bild: Getümmel auf der Straße, chaotisches Verkaufsgeschehen und bettelnde Kinder an jeder Ecke.

Als wir die nächste Festung besichtigten, hätten wir uns keinen größeren Kontrast denken können: Hier war alles Glanz und Glimmer und ein Raum schöner als der andere.

Später gingen wir wieder die Stufen hinunter ins normale Leben, es war wie ein Abstieg vom Himmel in die Hölle. Die Einheimischen betrachteten uns, als kämen wir von einem anderen Stern. Ich fragte mich, inwieweit sie sich dieses krassen Wohlstandsunterschieds bewusst waren.

Zumindest wurde mir klar, warum der Tod hier wie ein Fest gefeiert wird: Er bedeutet für die Hindus, dass der Verstorbene in eine bessere Welt geht. Bei einem Begräbnis wird der Leichnam im Hof des eigenen Hauses aufgebahrt, bis alle Verwandten mit selbstgemachten Kränzen eingetroffen sind. Dann zieht der Leichenzug durchs Dorf, es wird gesungen und getanzt, die Kinder bekommen Süßigkeiten. In einem höhergelegenen Ortsteil befindet sich die Feuerstelle, wo der Verstorbene auf einen Reisighaufen gelegt wird. Dieser wird vom ältesten Sohn der Familie entzündet. Die Überreste werden Tage später dem Fluss Ganges übergeben oder einem Fluss, der in den Ganges mündet.

Sonntag, 11. November 2018

Wieder fuhren wir viele hundert Kilometer, zunächst nach Jaipur und von dort noch einmal drei Stunden weiter nach Pushkar. In dieser Gegend schien der Wohlstand etwas größer zu sein, denn die Felder maßen etwa einen Hektar und wurden zum Teil mit Traktoren bearbeitet.

Da wir immer wieder Ochsen auf den Straßen sahen, auch auf den Autobahnen, erklärte unser Reiseleiter, dass dies Tiere seien, die nicht mehr für die Feldarbeit gebraucht und deshalb einfach der Natur überlassen werden.

Die Stadt Pushkar war erstaunlich sauber und wirkte fast modern. Wir besichtigten den weltgrößten Kamel- und Pferdemarkt, der von bis zu einhundertfünfzigtausend Besuchern pro Tag frequentiert wird, die fünfzigtausend Kamele und

Pferde kaufen oder verkaufen. Aber auch heirats-
fähige Töchter werden hier gehandelt.

Wie vom Kastensystem vorgeschrieben, ist dieser
Markt den Menschen höherer Kasten vorbehalten,
deshalb sahen wir auch keine bettelnden Kinder.

Hier erzählte man uns von einem neuen Projekt
namens „Essen in der Schule". Die Idee ist, dass
auch die Kinder der untersten Kasten Bildung bekommen sollten. Doch das Projekt war noch sehr
schlecht organisiert, viele Familien wussten überhaupt nichts davon, für andere war der Schulweg
zu weit und manche Eltern hielten Schule nicht
für wichtig. Und das, obwohl es hier eine Erwach-
senenschule gibt, durch die die Analphabetenrate
auf 30 % gesunken ist.

Montag, 12. November 2018

An diesem Tag besichtigten wir den wunderbaren Palast der Winde. Sein Name rührt daher, dass man früher kein Fensterglas hatte – und der Bau über dreihundertfünfzig Fenster verfügt.

Als Nächstes stand das Amber Fort auf dem Programm, eine Festung mit einer sechzehn Kilometer langen Stadtmauer. Das Fort erschien mir wie ein Spiegel- und Elefantentempel. Der Maharadscha, der es hatte bauen lassen, besaß zwölf Frauen, von denen jede ein eigenes, versperrtes Zimmer hatte. Im Hof gab es ein Bad für alle, aber die Frauen durften nur unter Aufsicht miteinander sprechen. Der Herrscher holte täglich seine jeweilige Lieblingsfrau zu sich.
Wir witzelten, was sich unsere Männer wohl dabei dachten.

Unser dritter Stopp, der Besuch des Elefantenparks Eleday, war der Höhepunkt des Tages. Die Dickhäuter waren angenehm anzufassen und gemütlich zu reiten, wir durften sie füttern und umarmen. Gut, dass sie unverkäuflich waren – und außerdem zu groß, um sie einzupacken.

Danach ging es weiter zu einer Einkaufsstraße, die etwa zehnmal so groß wie der St. Veiter Wiesenmarkt war. Wir wollten zu einem Kräuterstand, um Gewürze und Tees zu kaufen. Das entpuppte sich als wahre Herausforderung, denn viele Kilometer lang reihte sich ein Einkaufsstand an den nächsten. Überhaupt spielte sich hier alles auf der Gasse ab: Hühner und Hasen wurden vor Ort geschlachtet, Spengler, Tischler und Schneider arbeiteten in ihren Verkaufsbuden und zwischendrin wurde auf offenen Feuern Essen zubereitet. In dem Menschengedränge mussten wir darauf achten, dass niemand aus der Gruppe verloren ging.

Zurück zum Bus fuhren wir mit Rikschataxis, von Menschen betriebene Treträder mit einem Fahrgastkorb für zwei bis drei Personen hinten dran. Der Verkehr war sehr dicht, so dass sich unsere Tretradfahrer zwischen Autos, Rädern und Mopeds hindurchschlängeln mussten.

Zum Abendessen im Hotel gab es viele verschiedene Nudel-, Reis- und Gemüsegerichte, sowie Fleisch von Huhn und Hase. Es schmeckte sehr gut.

Dienstag, 13. November 2018

Wieder ging es im Bus zweihundertfünfzig Kilometer über Land, diesmal in die Stadt Agra im zweihundert-Millionen-Einwohner-Bundesstaat Uttar Pradesh.

Unser einziges Ausflugsziel an diesem Tag war ein Tempel, der im 14. Jahrhundert über einen Zeitraum von sieben Jahren erbaut worden war. Trotz ihrer Stadtmauer und einem Stadtgraben mit giftigen Tieren, wurde die Festung von den Persern eingenommen. Sie stahlen dabei den berühmten, mit Blattgold und zehntausenden Edelsteinen verzierten Pfauenthron. Später baute man den Thron nach – und dieser wurde dann von den Engländern entwendet.

Mittwoch, 14. November 2018

An diesem Tag besichtigten wir das Wahrzeichen Indiens, den Taj Mahal – ein Traum aus Marmor!

Dieses Mausoleum wurde im 17. Jahrhundert vom indischen Kaiser, dem Großmogul Shah Jahan, in Auftrag gegeben, nachdem seine Frau Mumtaz Mahal, die „Auserwählte des Palastes", im Alter von neununddreißig Jahren im Wochenbett bei der Geburt ihres vierzehnten Kindes gestorben war. Der Bau wurde von zwanzigtausend Menschen sowie eintausend Elefanten und Kamelen innerhalb von siebzehn Jahren errichtet.

Danach fuhren wir einhundertachtzig Kilometer zurück nach Delhi. In Alt-Delhi gibt es viele Denkmäler und Moscheen, Neu-Delhi ist die imperiale Großstadt mit dem Verwaltungsbezirk.

Donnerstag, 15. November 2018

Bei unserer Stadtrundfahrt zeigte sich Neu-Delhi von seiner schönen und modernen Seite. Alt-Delhi war im Laufe der Jahrhunderte siebenmal zerstört worden.

Wir besichtigten die Freitagsmoschee Jama Masjid, die größte Moschee Indiens, in der freitags zwanzigtausend Menschen fünfmal am Tag beten.

Danach besuchten wir das Denkmal von Mahatma Gandhi, dessen gewaltloser Widerstand gegen die Engländer im Jahr 1947 zur Befreiung Indiens geführt hatte. Seither ist Indien eine eigenständige Republik und von Pakistan getrennt.

Gandhis Credo hat mich nachhaltig berührt: „Liebe ist die stärkste Macht der Welt, und doch ist sie die demütigste, die man sich vorstellen kann."

Der Besuch eines Sikh-Tempels danach war für mich der Höhepunkt dieses Tages. Die Glaubensgemeinschaft der Sikh ist in Indien weit verbreitet. Sie lehnt das Kastensystem ab, obwohl es ihren Alltag durchdringt.

Der Tempel war von der Bevölkerung erbaut worden, finanziert mit Spendengeldern. Wir besichtigten die Großküche, in der täglich hunderte Menschen unentgeltlich kochen. Alle Töpfe waren unbeschreiblich groß und das musste auch so sein, denn hier werden täglich zwanzigtausend Menschen gratis abgespeist, unabhängig von ihrer Religion. In einem großen Saal sahen wir hunderte Arme, die im Schustersitz am Boden die Speisen zu sich nahmen, viele hundert weitere warteten ruhig und geduldig auf ihren Einlass.

Für diesen Tempel passt ein weiteres Zitat von Mahatma Gandhi: „Die Seele trocknet aus, ohne die Gesellschaft des Guten."

Nach dem Abendessen veranstalteten wir in einer kleinen Gruppe eine Straßenparty. Kurz fühlten wir uns wie in jungen Jahren – doch die Anstrengungen des vergangenen Tages und die Müdigkeit holten uns bald in die Realität zurück.

Freitag, 16. November 2018

Unser letzter Tag in Indien brach an. Nach dem Frühstück wurden wir zum Flughafen gebracht. Wir gaben unser Gepäck auf und lavierten uns, bewaffnet mit Flugticket und Reisepass, durch viele Kontrollen. Immer wieder wurden einige von uns zwecks Handgepäckkontrollen angehalten.

Erst um 15.30 Uhr wurden wir ins Flugzeug gelassen, dann begann unser siebeneinhalbstündiger Rückflug in unsere sechstausend Kilometer entfernte Heimat. Der Sonnenuntergang über den Wolken war wie ein Wunder, ich fühlte mich wie im Himmel.

Als wir um 20.30 Uhr Ortszeit in Wien landeten, waren wir uns, in Gedanken an Indien, alle einig: „Wien, Wien, nur du allein, sollst stets die Stadt meiner Träume sein!" (Nach dem bekannten Lied von Rudolf Sieczyński.)

Im Autobus nach Kärnten war es sehr leise. Sicherlich beschäftigten sich alle mit den vielen Eindrücken der letzten Tage, so wie ich.

Als wir über die Kärntner Grenze fuhren, hörte ich eine Stimme aus den hinteren Reihen: „Jo, mei Kärnt'n, du mei Hamat!"

Armut, Elend und bettelnde Kinder hatten uns viele hundert Kilometer begleitet.

In den Städten, Tempeln und Moscheen hatten wir viel Glanz und Glimmer gesehen.

Indien ist das Land der Gegensätze.

Ein Leben für die Liebe

„Liebe ist das einzige, was wächst,
indem wir es verschwenden."
— Ricarda Huch —

Vorwort

Die Liebe ist das Wichtigste in unserem Leben. Sie bezieht sich nicht nur auf den Partner, die Kinder und andere Familienmitglieder, sondern auf alles, mit dem wir in Beziehung stehen, beispielsweise also auch auf die Natur, auf Tiere, auf die Heimat.

Liebe wurzelt in Beständigkeit, das bedeutet, dass der Partner der Liebe die Treue ist.

Ich schreibe mit diesen Zeilen meine Lebenserfahrung nieder. Lebenserfahrung gewinnt man, indem man aus seinen Fehlern lernt. Wer das nicht tut, ist nicht fehlerlos – er hat nur nichts gelernt. Liebe heißt auch, seine Fehler einzusehen und umdenken zu lernen.

Es ist mein Herzenswunsch, dass wir Menschen der Verpflichtung nachkommen, die uns die Natur auferlegt hat: Unser Gehirn besitzt mehr Windungen als die Gehirne aller anderen Lebewesen auf dieser Erde, es ist somit das größte unter der Sonne. Wir haben die Verpflichtung, diese Größe so einzusetzen, dass wir die Erde unseren Nachkommen lebenswert hinterlassen.

Unser Herz ist kein Stein,
unser Körper keine Maschine.
In uns lebt eine Seele, die das Leben will –
nicht nur das eigene,
sondern auch das aller anderen.

Ein Leben für die Liebe zu dir selbst

„Guten Morgen!
Heraus aus dem Bette,
der Hahn hat gekräht,
die Vögelein singen,
der Morgenwind weht. "

Spring zehn Minuten früher aus dem Bett und mach dich frisch, wirf einen Blick in den Spiegel und begrüße dich selbst und den Tag mit einem Lächeln.

Die zehn Minuten nützt du für Haltungsgymnastik: die Hände zum Himmel und auf die Zehenspitzen gestellt, dann den Körper gebeugt und mit den Fingerspitzen den Boden berührt. Gymnastik ist für Jung und Alt sehr wichtig.

Dann kann der Tag beginnen: Mit einem wertvollen Frühstück beginnst du den Vormittag.

Du gehst nicht gerne zur Arbeit? Ist das der Fall, besprich dich mit deinem Partner, er kann dir Mut machen oder gemeinsam mit dir etwas anderes finden. Dass du dich am Arbeitspatz wohlfühlst, hat einen großen Wert im Leben.

Liebe dein Leben und gib ihm einen Sinn!

Zeig den anderen, wie es geht, deinen Kindern, deinen Eltern, deinen Nachbarn, deinen Arbeitskollegen: Lächle sie an, sag ihnen etwas Nettes oder Lustiges. Es ist kein Aufwand, macht das Leben aber um so vieles leichter.

Schenk deinem Nächsten etwas Zeit, es tut auch dir gut.

Nur wer sich selbst liebt und anerkennt, ist in der Lage, andere zu lieben und anzuerkennen.

Darum zeig einmal pro Woche dir selbst dein besonderes Ich: Zieh dir dein Lieblingsoutfit an, egal ob es ein elegantes Kleid oder ein Trainingsanzug ist.

Widme dich deiner Lieblingsaktivität. Du gehst gerne walken, tanzen oder schwimmen? Nutze deine Freizeit dafür!

„Später" ist vielleicht zu spät – nur jetzt ist früh genug!

Als Jugendlicher bist du besonders gefordert, auf dich zu achten und deinen Freunden ein Vorbild zu sein. Nur mit einem selbstsicheren Auftreten kannst du jenen ein Vorbild sein, die ihren Weg nicht finden.

Wer sich nur mit Alkohol, Zigaretten oder Drogen wichtig fühlt, wird erleben, dass jeder Rausch nur kurze Zeit andauert und dabei sein Inneres aushöhlt. Irgendwann bleibt von der scheinbaren Wichtigkeit nichts außer Müdigkeit, Arbeitslosigkeit, Einsamkeit und schließlich so manches Mal gar der Tod.

Deshalb halte an richtigen Freunden fest. Eine lustige Jugend mit wirklich guten Freunden ist eine Basis, die dich durch dein ganzes weiteres Leben trägt.

Achte auf dein Leben,
es ist dir nur eines gegeben.

Dein Lebensweg

Die Jugendzeit, in der du dich bewegst,
die ist ein wahrer Lebenstraum.
Drum nutz' die frohen Stunden,
in denen du ungebunden,
um die Schönheit dieser Welt
zu erfahren und zu erkunden.

Wenn einen Partner du erschaust,
dessen Liebe dich berauscht,
wird's Zeit, dass ihr die Herzchen tauscht,
füreinander durchs Feuer geht,
in Freud und Leid zusammensteht.

Erst wenn ihr glaubt, die Liebe hält,
solange euch die Welt besteht,
dann geht den Weg zum Traualtar,
denn dann wird erst die Liebe wahr.

Wenn ihr eure Familie achtet, liebt
und gut versteht,
seid ihr am rechten LEBENSWEG.

Ein Leben für die Liebe zu deinem Partner

„Guten Morgen!
Ein Küsschen in Ehren
kann niemand verwehren."

„Wie geht es dir?" – „Ich hoffe, du kommst bei der Arbeit heute gut voran." – „Ich wünsche dir einen schönen Tag!"

Das sind mehr als nur nette Worte, denn sie zeigen deinem Partner, dass du an seinem Leben Anteil nimmst. Auch „bitte" und „danke" sind keine Worthülsen, sie zeigen, dass du auch nach Jahren noch Liebe und Achtung für deinen Partner empfindest.

Gestaltet am Abend wenigstens eine Stunde miteinander. Lasst euch Zeit beim Essen, sprecht über den vergangenen Tag.
Und wie wäre es, einen Abend pro Woche gemeinsam ohne Fernseher zu verbringen?

Nette Überraschungen
bringen Abwechslung in den Alltag.

Ein neues Outfit macht Lebenslust, Blumen bringen Freude.

Lade deinen Partner zu einem eleganten Essen ein. Das kann auch zuhause sein, ein schön gedeckter Tisch und Zeit zum Essen machen den Tag erst lebenswert.

Geht wieder einmal ins Kino oder ins Theater. Du hast sicher genug Ideen, um deinen Partner zu erfreuen, zu verwöhnen, oder ihn an schöne gemeinsame Erlebnisse zu erinnern.

Beleuchtet euch gegenseitig.

Liebe bedeutet auch ehrlich sein. Stört dich etwas an deinem Partner, das sich ändern lässt, dann bring es zur Sprache:

- *Trinkt er mehr Alkohol, als gut für ihn ist?*

- *Nimmt er sich zu wenig Zeit für dich?*

- *Vernachlässigt er seine Kleidung oder ernährt er sich ungesund, wird dick und krank?*

Auch wenn sich aus so einem Gespräch erst einmal ein Streit entwickelt, so bringt es die Dinge doch in Gang.

Und sei auch offen, wenn er dich auf solche Dinge anspricht. Unausgesprochenes staut sich auf: „Ich habe keine Zeit" hat schon oft dazu geführt, dass irgendwann der Partner keine Zeit mehr hatte – und zwar für immer.

Liebe wächst, indem man sie verschwendet.

Arbeitet an eurer Partnerschaft, hegt und pflegt sie! Das sei auch und vor allem langjährigen Partnern ins Stammbuch geschrieben. Denn ihr wollt ja auch die zweite Lebenshälfte miteinander verbringen.

Wenn die Kinder erst einmal aus dem Haus sind, habt ihr wieder Zeit nur für euch zwei. Macht Ausflüge, Reisen, geht tanzen – und ladet liebe Bekannte ein, denn auch der Freundeskreis ist wichtig und will erhalten und betreut werden.

Es ist auch kein Geheimnis, dass Sex im Alter bei gegenseitiger Achtung und gepflegtem Miteinander schon lange kein Tabuthema mehr ist. Warum auch? Es ist ein wunderbares Erlebnis, das euch immer aufs Neue vereint und Kraft gibt!

Ein Leben für die Liebe zu deinen Kindern

„Guten Morgen!
Auf, auf, ihr Lieben, der Tag beginnt,
die Sonne geht auf.
Es ist ein weiterer schöner Tag
im Lebenslauf."

Ihr habt euch entschieden, die nächste Generation eurer Familie zu gründen und mit Kindern durch euer weiteres Leben zu wandern, ...

... mit Kindern, die euch Stärke als Paar abverlangen!

... mit Kindern, die von euch Stärke in der Erziehung erwarten!

... mit Kindern, die von euch so viel Stärke erwarten, dass ihr auch dann noch eine Familie seid, wenn sie schon fast erwachsen sind!

– Denn das ist die größte Herausforderung!

Wir drehen das Lebensrad wieder zurück und beginnen beim Wunderwerk der Schwangerschaft. Wenn du als Frau ein gutes und geregeltes Leben führst und du das große Glück hast, schwanger zu werden, dann sind nicht viele Veränderungen nötig.

Solltest du aber rauchen, zu viel Kaffee oder Alkohol trinken, musst du das deinem Kind zuliebe unterlassen.

Auch zu viel Stress, Lärm oder zu wenig Schlaf mag dein Ungeborenes überhaupt nicht.

Kommt dein Kind zur Welt, beginnt die große Verantwortung. Dein Baby braucht ganz viel Liebe und Kuscheln, es braucht aber auch seine Ruhephasen, vor allem zwischen den Mahlzeiten.

Wenn es dir als Mutter möglich ist, stille dein Baby mindestens ein Jahr lang. Du gibst deinem Kind damit viele Abwehrkräfte für sein ganzes Leben mit.

Außerdem erlebt ihr so ganz viele wunderbare Stunden, Tage und Monate.

Kinder sind ein Wunder und bringen ihren Eltern viel Lebensfreude und wunderbare Erlebnisse, aber auch ein ganz neues Pflichtbewusstsein.

Wenn die Großeltern in der Nähe wohnen, tut es allen gut, wenn diese das Kleine stundenweise übernehmen.

So bekommt die Mama etwas Auszeit, das Kind lernt seine Familie kennen und die Großeltern haben ihre Freude daran, auf Trab gehalten zu werden.

Es wird viel über Gleichberechtigung diskutiert, auch bei der Kindererziehung. Ich habe die Ansicht, dass es die Frauen sind, die von der Natur Muttergefühle mitbekommen haben, und dass sie deshalb bessere Nerven besitzen. Ich würde es keinem Mann für längere Zeit zumuten, auf ein Baby aufzupassen.

Aber da lasse ich mich gerne eines Besseren belehren.

Ist euer Kind ein Jahr alt, müsst ihr bedenken, dass ihr nicht nur Erziehungsberechtigte sondern auch Erziehungsverpflichtete seid.

Euer Kind fordert euch immer mehr heraus. Es braucht sehr viel Zuwendung, Lob und Anerkennung, versteht aber auch schon ein Nein.

***Kinder brauchen sehr viel Zeit,
Führung und Liebe – keine Hiebe!***

Kindergartenkinder sind sehr lebendig und möchten überall mithelfen. Lass es zu und fördere diese Entwicklung.

In diesem Alter will euer Kind alles haben und alles durchsetzen. Es erprobt sein eigenes Ich und lotet seine Grenzen aus.

Gebt ihm Regeln, die es versteht und sprecht sehr viel mit ihm.

Lob ist wie tägliches Brot.

Es müssen keine großen Taten sein, für die ihr euer Kind lobt, es geht vor allem darum, dass ihr eure Anerkennung für die gute Absicht aussprecht.

Beachtet diese Regeln, sie gelten sowohl für Kleinkinder als auch für Jugendliche:

- *Dreimal täglich loben.*

- *Einmal täglich in den Arm nehmen und „danke" sagen.*

Das Rezept lautet: loben statt drohen.

Versucht es zwei Wochen lang und ihr werdet bemerken, dass es keinen Grund gibt, euer heranwachsendes Kind zu rügen.

Nehmt euch immer wieder Zeit für ein Gespräch, denn nur bei einem längeren Zusammensein öffnet es sich und bringt seine Probleme zur Sprache. Es muss das Gefühl haben, dass es auch in schwierigen Situationen zuhause ein offenes Ohr findet.

Und achtet darauf, dass es nicht sein Handy oder das Internet mit der Wirklichkeit verwechselt.

Achtet auf Veränderungen
im Wesen eures Kindes.

Das Zimmer eures Kindes ist sein privates Reich. Es sollte groß genug sein, damit es seine Alltagsarbeiten erledigen kann.

Aber der Nachwuchs soll auch lernen, seinen kleinen Haushalt selbst zu führen:

Am Boden sind nur Schuhe erlaubt,
die Wäsche hängst du am Haken auf,
denn das spart Zeit.
In einem aufgeräumten Zimmer
bist du immer gut drauf.

Den Großputz, den machst du als Mama. So hast du auch so manchen Einblick in das Leben deines Kindes, den du als Mutter nicht versäumen darfst.

Freunde sind das Wichtigste im Leben eures heranwachsenden Kindes. Du musst sie kennen und solltest sie deshalb einladen.

Kinder und Jugendliche sollen außerdem mit einem angemessenen Taschengeld haushalten lernen. Das ist ein ganz wichtiger Lernprozess!

Wird euer jugendlicher Nachwuchs sechzehn oder siebzehn Jahre alt, so bleibt mit ihm freundschaftlich verbunden, mit guten Gesprächen.

Wenn es Jugendliche auch nicht zeigen, so brauchen sie doch starke Eltern, die zusammenhalten und viel Zeit haben, um mit ihnen ihre kleinen und großen Sorgen auszusprechen.

Bringen sie erstmals einen Partner mit nachhause, so empfangt diesen herzlich.
Es ist schön, wenn die beiden in ihrer ersten Verliebtheitsphase zu Hause wohnen können und nicht gleich ausziehen müssen.

Und wenn es dann so weit ist und euer erwachsenes Kind eine Familie gründet und in eine eigene Wohnung oder ein eigenes Haus zieht, so glaubt niemals, dass ihr auch dort zuhause seid. Ihr seid Gäste!

Besprecht mit eurem Kind, wo und wann ihr helfen könnt, und nehmt es nicht persönlich, wenn es mit seiner Familie alleine sein will.

Meldet sich Nachwuchs an, ist das Glück perfekt und es geht los in die nächste Generation!

Die Familie ist die kleinste, doch die wichtigste Einheit der Gesellschaft. Wir müssen auf unsere Familien achten und unseren Kindern Vorbilder sein.

Ein Leben für die Liebe zu unserem Land, der Umwelt und zu anderen Völkern

„Guten Morgen
der Natur, die täglich erwacht,
der Sonne, die dir entgegenlacht,
und allen Völkern auf Erden –
mögen alle täglich satt werden."

Wir haben – und davon bin ich überzeugt – mit Kärnten, seinen Bergen, Seen, Tälern und Naturlandschaften, das schönste Land auf Erden.

Um dieses unser Erbe für unsere Nachkommen zu erhalten, braucht das Land viele fleißige Menschen mit gutem Hausverstand, die die Natur nicht ausbeuten.

Und es braucht eine funktionierende Politik mit Politikern, die zum Wohle der Bevölkerung zusammenarbeiten.

Ihre Aufgabe ist es, Lösungen für alle Fragen der Wirtschaft, des Klimaschutzes, der Gesundheit und aller anderen Bereiche des menschlichen Lebens zu erarbeiten und nicht, sich untereinander um die Macht zu streiten.

Der Mensch muss im Mittelpunkt stehen, sein geistiges Erwachen und Wachsen.

In den vergangenen Jahrzehnten hat sich die jährliche Durchschnittstemperatur um 5 bis 7 Grad C erhöht und es ist voraussehbar, dass die Erwärmung in den nächsten Jahren noch weiter ansteigen wird.

Die Auswirkungen sind jetzt schon irreparabel: schmelzende Gletscher, sterbende Wälder, Trockenperioden und immer schlimmer werdende Unwetter.

Die Ursachen sind zu viel Industrialisierung und ein damit einhergehender zu großer Verbrauch von Rohstoffen und Energie. Der dadurch gesteigerte CO_2-Ausstoß könnte durch die tropischen Regenwälder ausgeglichen werden, doch diese werden großflächig gerodet.

**Was hat unsere Generation
in den vergangenen fünf Jahrzehnten
mit der Natur angestellt?**

Man stelle sich die Entwicklung in den kommenden fünfzig Jahren vor und bedenke, dass die Welt schon seit Jahrtausenden besteht!

Ein Gedankenspiel:

In der Eiszeit lebten auf unserer Erde große Tiere, wie Mammuts, Bären und Wölfe, genauso wie die Menschen in Höhlen.

Die Menschen entwickelten sich weiter. Bald beschossen sie die Tiere mit Pfeil und Bogen und begannen, Behausungen zu bauen.

Im Laufe der Jahrtausende wurden so die großen Tiere beinahe ausgerottet.

In den letzten Jahrhunderten beschossen sich die Menschen gegenseitig und sie bauten Burgen und Burgmauern, um sich vor anderen Menschen zu schützen.

Im nächsten Jahrhundert gibt es bei uns wieder Wölfe, Wildschweine und andere große Tiere.

In meinem Gedankenspiel sind die großen Tiere vielleicht Roboter.

Das alles will der Mensch.

Es gibt kein Zurück – was aber kann jeder Einzelne von uns vorausschauend dagegen tun?

- *Umweltsünden beobachten und aufzeigen.*

- *Jede Autofahrt überdenken, gemeinsam mit anderen fahren oder auf öffentliche Verkehrsmittel umsteigen.*

- *Plastikabfall vermeiden oder, wenn nicht möglich, bei den dafür vorgesehenen Sammelstellen entsorgen.*

- *Mehrweg- statt Einwegflaschen verwenden.*

- *Einen Einkaufskorb oder einen Stoff- statt eines Plastiksacks verwenden.*

- *Auch allgemein soll nach Alternativen gesucht werden, um das viele anfallende Plastik zu vermindern.*

Klug entscheiden — Müll vermeiden.

Beim Einkauf bedenken:
verwenden statt verschwenden,
mit dem Gedanken,
dass auf dieser Welt alle satt werden!

Meine Herzensprojekte

Patenschaften für indische Kinder

Mit 100 Euro im Jahr schenkst du eine Zukunft, die direkt ankommt!

Kontakt:

Elisabeth Klinzer
Sittenberg 9, 9373 Klein Sankt Paul
Tel.: 0650 / 48 79 851
E-Mail: klinzerhof@a1.net

Kärntner Kinderkrebshilfe

Ankershoferstraße 10
9020 Klagenfurt
Konto: AT62 2070 6050 0003 4800

Die Autorin

Irmgard Pobaschnig (65) ist Bäuerin im Kärntner Krappfeld. Gemeinsam mit ihrem Mann Karl bewirtschaftete sie achtundzwanzig Jahre lang die zwei Elternhöfe mit Milchkühen, Direktvermarktung und „Urlaub am Bauernhof", bevor die beiden die Höfe 2012 an ihre Söhne übergaben.

Als gelernte Gärtnerin mit viel Freude zur Natur hatte sie eine erfüllte Jugend, später ergänzten ihre drei Kinder und die Arbeit auf den Höfen ihr Glück.

Um der nachkommenden Generation klar zu machen, in welche goldene Zeit sie geboren ist, verarbeitete Irmgard Pobaschnig die Geschichte ihres Elternhofs im Buch: „Der Krug'n Hof im Radl der Zeit". Mittlerweile drehen acht Enkel dieses Radl weiter.

Irmgard Pobaschnig
Der Krug'n-Hof im Radl der Zeit

Als im Jahr 1795 der Gemeindediener Leopolt auf einer Lichtung am Hollersberg über Guttaring zwei Gefangene ankettet, ahnt er nicht, dass er damit den Krug'n-Hof gründet.
In den darauffolgenden 221 Jahren wird das Gehöft über zehn Generationen hinweg durchgängig bewirtschaftet.

„Der Krug'n-Hof im Radl der Zeit" ist ein kurzes Innehalten und Zurückblicken in der Zeit, denn die Geschichte des Hofes ist hoffentlich noch lange nicht zu Ende erzählt.

ISBN: 978-3-7412-7492-3